Gens du silence

Collection Voix 12

Par le même auteur

Gens du silence (1982)
Addolorata (1984, 1987)
Voiceless People (1984)
Déjà l'Agonie (1988)
Two Plays (1988)
Babel (1989)

Marco Micone
Gens du silence

Guernica
Montréal, 1991

A mio fratello Michele

Antonio D'Alfonso, éditeur
Les Éditions Guernica Inc.
C.P. 633, succursale N.D.G., Montréal
Québec, Canada H4A 3R1

Copyright © 1984 Les éditions Guernica et Marco Micone.
Imprimé au Canada.

Publié pour la première fois dans ce format en 1991.

Dépôt légal — 1ᵉʳ trimestre 1991
Bibliothèque nationale du Québec et
Bibliothèque nationale du Canada

Données de catalogage avant publication
Micone, Marco
Gens du silence
(Collection Voix ; 12)
2ᵉ éd. rev. et corr.
Éd. originale : Montréal : Québec/Amérique, 1982.
ISBN 2-89135-023-5
I. Titre. II. Collection : Collection Voix
(Montréal, Québec) ; 12.
PS8576.I27G46 1990   C842'.54   C89-090068-7
PQ3919.2.M43G46   1991

Étapes de la création

Gens du silence : cette pièce a été sélectionnée par le Centre d'essai des auteurs dramatiques (C.E.A.D.).

Février 1980 : lecture publique, à la salle Fred-Barry, dirigée par Pierre MacDuff. Les comédiens sont Denis Brassard, Gilbert Dumas, Alain Grégoire, Jean-Denis Leduc, Pierre MacDuff, Lorraine Pintal, Bertrand-Jacques Thériault, Liliane Vincent.

Juin 1980 : « Le Théâtre de l'Ouverture », troupe formée de jeunes amateurs, commence les répétitions de *Gens du silence*. Été 1980 : l'auteur écrit une deuxième version de la pièce.

Octobre 1980 : *Gens du silence* (première version) est jouée pendant cinq fins de semaine au café-théâtre Le Noeud.

Décembre 1980 : lecture publique de la deuxième version organisée par le C.E.A.D. à la demande de l'auteur. Cela s'inscrit dans le cadre d'activités culturelles à l'intention de la communauté italienne de Montréal. Les comédiens : Pierre MacDuff, Louise Saint-Pierre, Lorraine Pintal, Robert Marien, Jean-Denis Leduc et Alain Grégoire.

Mars 1982 : lecture-spectacle de *Gens du silence* à la Bibliothèque nationale dans le cadre de l'Interculturelle organisée par l'Union des écrivains québécois.

Novembre 1983 : *Gens du silence* est présentée à La Licorne dans une mise en scène de Lorraine Pintal.

Personnages

ANTONIO : le père.
ANNA : la mère.
NANCY : leur fille (26 ans).
MARIO : leur fils (18 ans).
GINO : un ami de Nancy (23 ans).
ZIO : un vendeur de ballons (75 ans).
ROCCO : un ami d'Antonio.
RICKY : un ami de Mario.

Cette pièce peut être jouée par six comédiens.

Note

Les immigrés, qui sont-ils ? Pourquoi sont-ils ici ? Ont-ils choisi d'y venir ? Des jeunes, des femmes et des hommes apportent leurs réponses. Ils rompent ainsi le silence trop souvent complice de ceux qui les manipulent et les exploitent.

Gens du silence est une pièce dont les préoccupations rejoignent celles de tout individu qui, sans avoir nécessairement émigré, partage les mêmes conditions de vie que les déracinés de Chiuso.

L'heure est à la révolte ; celle de Mario ressemble à un nuage menaçant mais impénétrable, celle de Gino se fait sous le signe de la lucidité. Nancy et Anna, à leur tour, démasquent le pouvoir qui les opprime et y découvrent un mâle : Antonio (le père) est assiégé. Le mâle, gavé de privilèges jusque-là jamais remis en question, se réfugie dans le passé. Et pendant que sa fille et sa femme disent tout haut ce qu'elles sont, pour que ceux et celles qui leur ressemblent puissent s'unir à elles, Antonio se retrouve seul dans son palazzo Rossi.

PREMIER TABLEAU

La scène est dans l'obscurité. Un choeur, composé de tous les personnages, récite dans deux ou trois langues des immigrés du Québec la traduction de :

Ceux qui nous ont chassés de notre pays et ceux qui nous ont marginalisés ici sont de la même race.

Graduellement, la scène s'éclaire. D'un coin de celle-ci, surgit une silhouette qu'on distingue peu à peu. C'est Antonio portant une valise attachée avec une corde. Il s'immobilise après quelques pas.

LE CHOEUR

Chacun à tour de rôle.

C'était un matin comme les autres.
Vincenzo...
Maria...
Franco...
Teresa...
Tous descendirent vers la vallée avant le lever du soleil.

TOUS

C'était un matin comme les autres.

TOUS

À tour de rôle.

Mais soudain...
Soudain à l'horizon...
Le ciel...
Le ciel...
Le ciel plongea dans les ténèbres...
Et aussitôt...

TOUS
... Et aussitôt se leva une tempête immonde...

TOUS
À tour de rôle.

Les enfants...
Les enfants se blottirent contre les seins de leurs mères...
Les vieillards...
Les vieillards gémirent comme des bêtes blessées...
Tandis que les veuves blanches...

TOUS
Tandis que les veuves blanches regardaient, impuissantes, leurs hommes emportés comme le chêne altier. Loin, très loin.

Peu à peu, tombe l'obscurité. Le choeur se retire. Antonio reste seul sur scène. Il avance de quelques pas vers l'avant-scène. Son costume est défraîchi. Il traîne toujours sa valise attachée avec une corde. Il s'immobilise quelques secondes, puis lève sa tête bien haut. Longtemps, il tourne lentement sur lui-même; jusqu'à en avoir le vertige. Il regarde les grands édifices. Brusquement, on entend une voiture qui freine tout près de lui. Blême de peur, il recule de quelques pas, s'assoit sur sa valise, éperdu, les yeux hagards. Les personnages apparaissent dans la pénombre. On les distingue à peine. Antonio revit son départ. On entend les voix sans voir les personnages.

ANNA
N'oublie pas d'écrire, Antonio. Envoie des photos, beaucoup de photos pour Annunziata. Et attention aux autos, il paraît qu'il y en a partout.

Elle pleure. On peut faire entendre faiblement des cloches d'église.

LE CURÉ

N'oublie pas, mon fils, que tout ce qui arrive aux hommes est prévu par la généreuse, mais parfois inexplicable, organisation de la Providence. N'oublie pas, mon fils, l'église où tu as été baptisé. Le clocher, vieux de deux cents ans, est une constante menace pour tes frères paroissiens. Vous êtes presque aussi nombreux là-bas que nous le sommes ici. Quelques dollars chacun suffiront. Le Seigneur, dans son amour infini, t'ouvre les portes de l'abondance, de la prospérité et du bonheur. Sois-en reconnaissant. Que Dieu te bénisse ! Et n'oublie pas le clocher ! Combien de fois ses cloches ont dissipé l'orage, fait cesser la grêle et sauvé les récoltes. Si le clocher tombait, ce serait la fin du village. N'oublie pas !

Un temps.

UNE FEMME

Arrête de pleurer, Anna. Ce n'est pas en prison qu'il va, ton Antonio. C'est en Amérique.

UNE AUTRE FEMME

Tu en as de la chance, Antonio ! Tu vas manger de la viande tous les jours. Nous, on va continuer comme les chèvres.

ZIO

Il va chercher les ballons accrochés quelque part sur la scène.

Des ballons ! Des ballons !

Il sort. Antonio sort un minuscule harmonica de sa poche et joue une tarantelle qu'il dansera jusqu'à essoufflement, pour ensuite se rasseoir sur sa valise et jouer un air mélancolique. Puis, il crie deux ou trois fois :

ANTONIO
Y a-t-il quelqu'un dans ce pays ?

L'obscurité se fait pendant qu'Antonio répète la phrase.

DEUXIÈME TABLEAU

Antonio est en tenue de travail, dévorant un gros sandwich. Pendant la scène qui suit, deux fenêtres s'éclaireront selon la provenance des voix. Alternativement, on entendra des voix de femmes québécoises et une voix d'homme québécois ou possiblement celle de Zio.

UNE FEMME
Il en arrive des bateaux pleins à chaque semaine. Ils viennent ici voler nos jobs. C'est pour ça qu'il n'y a plus de travail pour nous. Il y a tellement d'immigrants, qu'il n'y a même plus assez de logements à louer pour nous, dans notre propre pays. Ça a-tu du bon sens !

UN HOMME
Ça travaille pour rien, ce monde-là. Et en plus, ça apporte des cadeaux au boss : des gallons de vin, du salami, n'importe quoi. Il n'y a pas plus lèche-cul qu'eux autres ! Au salaire qu'ils font, j'aimerais mieux être sur le Bien-être !

UNE PREMIÈRE FEMME
Ça vit quinze personnes dans la même maison. Et puis ça mange n'importe quoi. Des pissenlits, même !

Je te dis ! Je les ai vus l'autre jour dans le parc. Ils en ont rempli deux gros sacs. Puis, il y a des chiens dans ce parc-là. Et les chiens, ça fait leurs besoins partout ! C'est pas du monde, je te dis ! C'est pas du monde. Je comprends qu'on les veut pas dans nos écoles!

UNE DEUXIÈME FEMME
Ça marche pas ces femmes-là ! Ça roule, tellement elles sont grosses ! Il paraît que ça mange des pâtes tous les jours. Les spaghetti, c'est bon, mais il y a une limite !

UNE PREMIÈRE FEMME
En automne, là, ça fait des tomates en conserve pendant des semaines ! Ça se peut pas qu'ils mangent tout ça !

UNE DEUXIÈME FEMME
On se fait voler. Je te dis qu'on se fait voler. Moi, je pense qu'ils envoient ça en Italie. C'est comme pour les logements. Bientôt, il n'y aura plus de tomates pour nous autres. C'est effrayant !

UNE PREMIÈRE FEMME
C'est pas du monde propre, à part de ça ! Tu regarderas, quand la grosse Maria va étendre son linge. Deux vraies brosses, deux vraies brosses, qu'elle a en dessous des bras !

UNE DEUXIÈME FEMME
Approche-toi. J'ai quelque chose à te dire. Comment ça se fait que leurs hommes soient si beaux ?

UNE PREMIÈRE FEMME
Du monde honnête, ça reste chez eux, okay ! Tiens, regarde dans *Allô Police*... c'est toujours des histoires d'immigrants. Et ça vient de partout, à part de ça ! Quand c'est pas la Mafia, c'est les Siciliens ; quand c'est pas les Siciliens, c'est les Italiens. Ça vient des

quatre coins du monde. Veux-tu bien me dire pourquoi faire qu'on les garde s'ils viennent tous nous voler ?

UN HOMME

Je me souviens quand je travaillais. Il y en avait toujours cinq ou six qui attendaient à l'entrée de l'usine avec leur sac à lunch plein d'huile, leurs vestons trop petits, leurs pantalons trop courts... Et c'est pas parce que les jambes étaient longues ! Le plus grand mesurait cinq pieds. Juste assez grands pour travailler sur les machines. S'ils auraient été un pouce plus petits, ils auraient pas pu travailler sur les maudites machines ! Il y en avait qui travaillaient dix heures par jour sur la pointe des pieds, tellement ils étaient petits. Le boss les prenait quand même parce que ça pissait jamais ce monde-là. Ça travaillait tout le temps. Jamais ils prenaient de break. C'est à peine s'ils s'arrêtaient quinze minutes à midi. Mais ils trouvaient quand même le temps d'avaler tout un pain Margherita. À un moment donné, quand le boss a commencé à me regarder de travers, j'ai pas eu le choix. Pour pas perdre ma job, il a fallu que je fasse comme eux autres. Je pissais plus pendant les heures de travail, je prenais plus de break, ni à dix heures, ni à trois heures. Puis à midi, je mangeais un gros pain avec une omelette aux pissenlits pour me donner des forces... en cinq minutes. Après deux mois de ce régime-là, j'ai eu peur. C'est à ce moment-là que j'ai sacré le camp de l'usine. On me prenait pour un vrai Italien ! Moi, un Italien ? Moi, toute ma famille est née ici : ma femme, mes six enfants et mes dix-huit petits-enfants. Moi, Lorenzo Del Vecchio, un Italien ? Jamais. Jamais !

TROISIÈME TABLEAU

Antonio est en train d'écrire. Il est visiblement malade. On entend le dialogue d'Antonio et du médecin au moment où Antonio cesse d'écrire.

ANTONIO
Docteur, vous comprenez... si j'avais su... elle était habillée comme une grande dame. Avec des souliers qui m'arrivaient aux genoux... Elle avait l'air d'une vraie actrice...

LE MÉDECIN
Il faudrait toutes les mettre en prison.

ANTONIO
C'est pas la solution, docteur. J'en connais beaucoup qui iraient en prison avec elles.

LE MÉDECIN
Il faudrait des lois plus sévères. Mais on a des invertébrés à l'Hôtel de ville.

ANTONIO
Je sais que c'est les meilleurs clients. Mais je savais pas que c'étaient des invé...des invétérés.

Un temps.

Est-ce que c'est grave, docteur ?

LE MÉDECIN
Non. Mais la prochaine fois, vous prendrez des précautions.

ANTONIO
Des précautions, des précautions ! Ça coûte cher, docteur. Je ne fais pas votre salaire. Et en plus, j'ai une femme et un enfant à faire vivre en Italie.

LE MÉDECIN

En Italie ? Ah ! Le lac Majeur ! La place Saint-Marc ! Le palais des Médicis ! Quelle chance vous avez eue de baigner dans tant de beauté et de culture !

ANTONIO

Vous savez, docteur, j'ai jamais été dans ces places-là. Avant de venir ici, j'ai jamais été à l'étranger, moi.

> *Antonio cesse d'écrire. Sa lettre est terminée. Il la lit à haute voix. Il a une photo à portée de la main.*

« Le 30 septembre 1959.

Chère Anna. Je t'envoie une photo de ce que j'ai mangé dimanche passé. Montre-la à Peppe et à Tino. Dis-leur qu'ici c'est chaque jour dimanche, surtout le samedi soir. Je mets beaucoup d'argent de côté. Je gagne déjà 40 $ par semaine, et j'en mets 20 $ à la banque. Ma santé est très bonne et je fais beaucoup d'overtime ; moitié pour le boss, moitié pour moi. Quand on fait de l'overtime, ça veut dire que le boss t'aime beaucoup.

Depuis que je suis arrivé, j'ai pas perdu une seule journée de travail. Ici, on n'a pas besoin de parler la langue du pays pour pouvoir travailler. Même que mon boss préfère ceux qui viennent juste de débarquer.

Ici, à Chiuso, c'est pas ça qui manque. Il en débarque tous les jours et pas seulement de Collina.

Je pense souvent à toi et à Annunziata.

> *Il sort une photo de son portefeuille.*

Est-ce que tu lui parles de moi ? Sur la dernière photo, je ne la reconnais plus. Elle a tellement grandi. J'oubliais : oublie pas d'envoyer par le cousin Sabino deux litres d'huile d'olive et du fromage. Tu le croiras pas, mais ici, ils font l'huile avec du maïs !

Envoie pas de saucisse, cette fois-ci. Je ne la digère plus.

Pour finir, je vais t'annoncer une mauvaise nouvelle. Le premier ministre Duplessis vient de mourir après un gros party avec les Américains. Il y en a qui s'inquiètent beaucoup parce que c'était un homme fort. Il paraît qu'il aimait le monde travaillant et qu'il pouvait pas supporter les grèves. C'est comme chez nous avant la guerre. Il y en a même qui disent qu'ils vont nous renvoyer. Mais le propriétaire du journal italien et les curés ont promis de nous défendre.

Ton mari,
Rossi, Antonio.

P.S. Une autre chose. Quand t'écris l'adresse, après Montréal, c'est pas assez d'écrire seulement Canada. Il faut aussi écrire Québec. »

QUATRIÈME TABLEAU

Nous sommes chez Antonio et Anna. Début des années soixante. Anna est assise devant une machine à coudre. Antonio aide sa femme en collant des étiquettes sur une petite table.

ANTONIO

Je te dis que ça va mal ! Encore une bombe qui a explosé. Un de ces jours, des innocents vont y laisser leur peau. S'ils continuent comme ça, je te gage qu'ils vont se mettre à tuer des hommes importants... Et il y en a qui vont prendre la porte, comme toujours... Parce que chaque fois que ça va mal, c'est pareil : c'est toujours la faute aux immigrants.

ANNA
Moi, je pense qu'il n'arrivera rien de grave.

ANTONIO
On le sait bien ! Vous les femmes, vous voyez jamais rien d'avance. Mais quand les catastrophes arrivent, qui c'est qui s'arrache les cheveux, hein ?

ANNA
Tu te mêles d'affaires qui ne te regardent pas, Antonio. On n'est pas ici depuis assez longtemps.

ANTONIO
Toi, peut-être ! Moi, ça fait quatre ans que je suis là.

ANNA
C'est pas chez nous ici. Qu'est-ce que tu dirais si la voisine venait nous dire quoi faire dans notre maison ?

ANTONIO
On est tous des immigrants ici. C'est pas parce qu'ils sont plus nombreux qu'il faut qu'ils décident tout seuls.

ANNA
Ils sont arrivés quelques années avant nous autres !

ANTONIO
C'est un Italien qui est arrivé ici avant tout le monde : Giovanni Caboto.

ANNA
Je ne suis pas venue ici pour faire de la politique. C'est pour Annunziata que je suis là.

ANTONIO
Je te jure que si les bombes avaient commencé à exploser plus tôt, vous ne seriez pas ici.

ANNA
Annunziata avait besoin de voir son père.

ANTONIO
Je veux bien croire qu'elle avait besoin de me voir, moi, son père ; mais pas toute cette violence.

ANNA
À cinq ans, elle ne s'en rend même pas compte.

ANTONIO
En haussant le ton.
Mais moi, je m'en rends compte !

ANNA
Anto'…doucement ! Tu vas la réveiller !

ANTONIO
Il se lève.
Moi aussi, je vais me coucher.

ANNA
Je n'ai même pas gagné cinq piasses aujourd'hui. On devrait rester encore une demi-heure.

ANTONIO
Tu diras au Juif de t'augmenter ! Moi, je ne vais pas coller des étiquettes jusqu'à minuit !

ANNA
Justement… La semaine dernière, il m'a dit que des Grecques viennent d'arriver dans le quartier. Il paraît qu'elles font le même travail pour moins d'argent.

ANTONIO
Elles auraient pas pu rester chez eux au lieu de venir faire baisser nos salaires ? Tout ce qui nous manque, astheure, c'est des nègres ! Concetta, elle, combien qu'elle gagne ?

ANNA
Six piasses par jour.

ANTONIO
Elle gagne presque comme un homme ! Comme je la connais, elle doit faire travailler ses parents jusqu'à minuit tous les soirs ! Je t'avais dit, aussi, de faire venir tes parents...

ANNA
Mes parents vont jamais mettre les pieds ici. Si tu veux le savoir, astheure Concetta gagne six piasses par jour parce qu'elle travaille à l'usine.

ANTONIO
Étonné.
À l'usine ? Concetta, à l'usine ?

ANNA
Je ne comprends pas pourquoi tu fais cette tête-là ! C'est pas la seule...

ANTONIO
Va faire un tour dans une usine, juste pour voir ! C'est pire qu'en enfer.

ANNA
Ça ne peut pas être pire qu'ici. Au moins, il y a du monde !

ANTONIO
Du monde et des machines ! Partout!

ANNA
Au moins, quand t'as fini, t'as fini.

ANTONIO
Ouais... Mais quand t'es là, tu peux même pas aller à la toilette quand tu veux. Le boss te suit partout !

ANNA
Concetta s'est fait des amies aussi, depuis qu'elle travaille à l'usine...

ANTONIO
Les amies, ça met toutes sortes d'idées dans la tête. Ici, on n'est pas à Collina. C'est une grande ville. Il y a toutes sortes de monde ici. Il faut faire attention... même aux gens de chez nous.

Un temps.

ANNA
Il paraît aussi que quand on travaille à l'usine, et qu'il n'y a pas de travail, on peut avoir de l'assurance-chômage.

ANTONIO
Agressif.
L'assurance-chômage? Jamais un sou de l'assurance-chômage va rentrer ici! L'assurance-chômage, c'est pour les paresseux comme *i Francesi*. C'est pas pour nous!

Un temps.

Et à partir de demain, il n'y aura plus de téléphone ici!

Antonio sort. Anna reste à travailler sur sa machine.

CINQUIÈME TABLEAU

Même décor. Anna travaille à sa machine à coudre. Antonio et Rocco jouent aux cartes. Un journal italien traîne sur la table.

ROCCO

As-tu vu dans le journal ? Il paraît qu'il y a deux fois plus de chômeurs parmi les immigrants que chez *i Francesi*. Deux fois plus !

ANTONIO

Il n'y a rien à faire, Rocco. Il y en a qui gagnent, il y en a qui perdent... Tiens ! J'ai gagné ! Encore une fois !

Il rit très fort.

ANNA

Toi, tu gagnes seulement aux cartes... pour le reste, tu as toujours été perdant...

ROCCO

Tu as toujours les bonnes cartes ! Je comprends que tu gagnes...

ANTONIO

C'est pas assez d'avoir les bonnes cartes... Il faut pas seulement avoir des as et des rois pour gagner... Il faut aussi savoir jouer. C'est comme dans la vie !

ROCCO

Tu veux dire que...

Il se lève, faisant mine de partir. Antonio le retient fermement.

ANTONIO

Reste assis... Tu n'as pas compris. Je vais te donner un exemple.

ANNA
Encore avec tes Anglais !

ANTONIO
Eh oui ! Ils n'ont pas seulement les bonnes cartes, eux. Ils savent aussi jouer. C'est pour ça qu'ils gagnent... C'est important de comprendre ça. Pas pour nous... pour nous, il est trop tard...

ANNA
Moqueuse.
Mais pour nos enfants...

ANTONIO
Oui ! Pour nos enfants. Il faut que nos enfants apprennent à jouer. Il faut qu'ils apprennent à gagner. C'est pour ça qu'il faut les envoyer à l'école anglaise...

ANNA
Toi, tu gagnes parce que tu joues toujours au même jeu...

ANTONIO
Dis-lui, Rocco. Dis-lui que c'est les perdants qui veulent changer le jeu. Jamais les gagnants. Et ici, en Amérique, les Anglais sont gagnants partout. Ils ne changeront jamais de jeu.

ROCCO
Tu as raison. Mes patrons ont toujours été des Anglais.

ANNA
J'en connais un qui n'est pas anglais.

ANTONIO
Qui ça ?

ANNA
Toi !

ANTONIO
Ris de moi, si tu veux. Mais moi, je suis un immigrant. Je ne peux pas me comparer à un Anglais. Je ne suis pas né ici, moi.

ANNA
Tu ne comprends jamais rien, Anto'.

ANTONIO
Il faut ouvrir les yeux, Rocco, si on veut assurer un avenir à nos enfants. Même un aveugle verrait que *i Canadesi francesi* sont pas plus riches que nous.

ROCCO
À part de ça, ils parlent tellement mal !

ANTONIO
Ça vaut rien ce monde-là. À Collina, penses-tu qu'on avait entendu parler du Québec ? Quand les premiers Italiens sont arrivés ici, Montréal n'était rien qu'un village. Il n'y avait rien à Montréal. C'est seulement depuis qu'on est là que c'est devenu une ville importante. Rappelle-toi ce qu'on avait dans les cuisines de Collina à Côté du Sacré-Coeur...

Méprisant.

Le premier ministre du Québec ? Jamais de la vie ! Roosevelt. Le président américain Roosevelt. On avait même pas la photo du président du Canada...

ROCCO
Quand je suis arrivé ici, il n'y avait même pas le jardin... le jardin... « britannique ». Pour les photos de mariage, on allait au parc Jarry.

ANTONIO
À part de ça *i Canadesi francesi* sont paresseux. C'est pour ça qu'ils sont tous des locataires. Tiens... c'est même écrit dans le journal italien. Les journalistes,

c'est pas des ignorants. C'est du monde qui a fait des études !

ROCCO
Il paraît qu'il y a même un prêtre là-dedans...

ANTONIO
Moi, les prêtres... Je ne leur fais pas confiance quand ils font des sermons. Mais quand ils écrivent dans un journal, il n'y a pas plus honnête !

ROCCO
Comment veux-tu que *i Canadesi francesi* achètent une maison ? Quand ils sont pas au restaurant, c'est le restaurant qui va chez eux !

ANTONIO
Au moins, s'ils mangeaient de bonnes choses ! Mais non ! Ça mange des pizzas minces comme des hosties et faites par des Grecs !

ROCCO
Comment veux-tu qu'ils mangent une vraie pizza avec de la pâte épaisse et croustillante... ils ont tous des dentiers, ces gens-là.

Il rit.

Te vois-tu, Antonio, avec une femme comme ça ?

ANNA
Et Francine, ta belle-soeur ?

ROCCO
Francine ? C'est la femme de mon frère. Quand une *Francese* marie un Italien, elle devient Italienne. On dirait même qu'elle vient de Collina, tellement elle parle comme nous. Elle doit avoir du sang italien...

ANTONIO
Ils sont tellement gaspilleux, que le lundi matin ils n'ont déjà plus d'argent pour la semaine...

ROCCO
C'est du monde qui dépense tout ce qu'ils gagnent. Même Francine est comme ça! Ils achètent tout, ces gens-là. Ils ne font rien eux autres mêmes.

ANTONIO
Et puis, ça se plaint, mon ami, que ça fait trois cents ans qu'ils se font manger la laine sur le dos... Je ne sais vraiment pas pourquoi ils se plaignent.

Il rit très fort.

Quand les autres nous mangent la laine sur le dos c'est qu'on est nés moutons!

ROCCO
Les Anglais leur mangent la laine sur le dos, et nous, on est venus ici leur voler leurs jobs! C'est toujours la faute aux autres! Tu parles d'une gang de lâches!

ANTONIO ET ROCCO

Debout, face aux spectateurs.

Des voleurs de jobs! Nous! Nous, des voleurs de jobs?

Un temps.

ANTONIO
Les voleurs de jobs, c'est eux : *i Canadesi francesi!* Oui, c'est eux qui volent les jobs des immigrants. Sinon, comment expliquer qu'il y a deux fois plus de chômeurs chez les immigrants?

ANNA
Si c'était possible de voler des jobs... moi, en tout cas, j'en aurais volé une meilleure...

SIXIÈME TABLEAU

Dans l'obscurité, on entend des voix scander: « Le Québec aux Québécois ! » et « McGill français ! » Puis, l'éclairage se fait progressivement. On aperçoit Zio, vêtu d'un costume bigarré et tenant de nombreux ballons multicolores.

ZIO

Des ballons. Des ballons de toutes les couleurs ! Des ballons pour les petits et les grands. Venez vous envoler avec des rouges, des verts, des blancs...

On entend scander « Le Québec aux Québécois ! » Ironique, il imite le rythme du slogan.

L'Italie aux Italiens ! L'Italie aux Italiens !

Un temps.

Mon grand-père l'a crié, fusil à la main, il y a plus de cent ans. Et les patrons étrangers ont fait place aux patrons italiens. Depuis, des dizaines de Collina se sont vidées pour peupler Chiuso, enfermée entre trois carrières de ciment et le boulevard Métropolitain... Dans les années cinquante, elles ont fourni la main-d'oeuvre pour construire les usines du Haut-Montréal, comme des villages québécois l'avaient fait avant. Et pendant que cette main-d'oeuvre-là donnait naissance à Saint-Henri, Collina, elle, s'enfermait dans Chiuso. Chiuso, c'est le silence du vide et le vacarme du chaos. C'est le cri des limbes : ni ange ni démon. C'est la voix du Minotaure : ni homme ni bête. C'est la langue méprisée des oubliés et des déracinés. Chiuso, c'est la révolte étouffée de l'homme ni d'ici, ni d'ailleurs. Chiuso, c'est aussi cette scène dont la langue est celle du pouvoir qu'elle recherche. Pour une fois, elle ne sera ni incomprise, ni méprisée.

> *Un temps. Il sort. Pendant sa sortie, on entend d'abord faiblement le slogan « Le Québec aux Québécois ! » Chaque fois, Zio répond « Des ballons, des ballons ! » En même temps, l'éclairage diminue et le slogan se fait de plus en plus fort.*

SEPTIÈME TABLEAU

> *Mois de juin 1980, le jour de la Saint-Antoine, devant la maison en briques blanches d'Antonio. Au loin, la fanfare locale joue un hymne fasciste qu'on peut faire suivre de chants religieux. Au-dessus du balcon est suspendue une grande affiche du candidat local aux prochaines élections scolaires. On y lit :* Votate. *À portée de la main des comédiens, une bouteille et des verres. Anna tricote ou reprise. Gino et Nancy (Annunziata) revoient un texte.*

ANTONIO

> *Des feuilles de persil entre les dents.*

Qu'est-ce que je vous disais...? Il y a plus d'Italiens à la fête de Saint-Antoine que de séparatistes dans tout le Québec. Si jamais ils font un autre référendum, ils vont perdre même leur chemise.

GINO

> *Il sifflote, en se moquant, quelques mesures de l'hymne fasciste qu'on entend.*

Ici, la vieille, la ronflante mère-patrie est restée intacte, avec sa fanfare de chemises noires imbibées d'eau bénite!

ANTONIO

Il avale le persil.

Je pense que si tu parlais latin, je te comprendrais beaucoup mieux. Je ne sais pas ce que tu as dit, au juste, le poète ; mais je suis sûr que tu as encore critiqué la fête. Même si c'est cent fois mieux que vos histoires à dormir debout... Vous perdez votre temps; c'est moi qui vous le dis. Dimanche dernier, il n'y avait même pas cinquante personnes à vot...

Il cherche le mot.

NANCY

... Colloque.

ANTONIO

Ouais... votre colloque! Allez donc voir devant l'église : il y a au moins cinq mille personnes. Ils sont tous comme moi. C'est juste s'ils savent écrire leur nom. Comment voulez-vous qu'ils comprennent les histoires que vous allez chercher dans vos livres épais comme des blocs de ciment ?

ANNA

Tais-toi, Anto', ils savent bien mieux que toi et moi qu'est-ce qu'ils doivent faire.

ANTONIO

Tiens ! Tu dis jamais un mot quand on est tout seuls...

ANNA

T'es pas parlable!

ANTONIO

... Mais quand ta fille est là, t'arrêtes pas.

ANNA

T'es encore chanceux que ton neveu soit là !

ANTONIO

Il n'y a plus de respect. Il n'y a plus de respect.

ANNA

Il faut qu'il y en ait des deux côtés...

ANTONIO

Il hausse le ton.

Justement ! Quand la femme ne respecte pas son mari, comment veux-tu que les enfants respectent leur père ?

ANNA

Cesse donc de crier ! C'est plein de monde autour... Tu veux jamais rien comprendre...

ANTONIO

Et qu'est-ce que je devrais comprendre ? Tes histoires à toi ou celles de ta fille et de Gino ?

ANNA

Ça ne te ferait peut-être pas de tort d'aller les écouter au lieu de partir après avoir compté les personnes dans la salle, comme dimanche dernier...

ANTONIO

Moi, je suis avec la majorité. C'est la majorité qui mène dans tout.

NANCY

Va donc rejoindre la majorité au match de lutte organisé par le curé !

ANTONIO

Tu peux en être sûre ! Je ne vais pas aller écouter des jeunes comme vous qui sentent encore le lait de leur mère.

GINO

Il n'y a pas que la lutte organisée par le curé. Il y a aussi le tirage au sort d'une auto toute neuve comme celle de l'année dernière gagnée par une religieuse. On ne sait jamais, cette année, c'est peut-être ton tour...

ANTONIO

C'est des bons à rien comme toi qui comptent sur la chance pour avoir ce qu'ils veulent. Moi, je travaille pour avoir ce qu'il me faut.

GINO

On te réserve une surprise aujourd'hui. Juste avant la lutte.

ANTONIO

Riant très fort.

Tu penses que les curés vont te laisser faire ?

GINO

Oui, parce qu'on va illustrer une des vertus auxquelles ils tiennent le plus.

ANTONIO

S'ils te laissent faire, mon ti-gars, c'est qu'ils te préparent un piège que tu soupçonnes même pas !

À Nancy.

Toi, si je te vois avec lui aujourd'hui, t'es mieux de ne plus remettre les pieds ici.

NANCY

Je vais faire ce que j'ai envie de faire, et c'est pas toi qui vas m'en empêcher.

ANTONIO

À Anna.

As-tu entendu ta fille ? As-tu entendu le professeur ?

À Nancy.

Qu'est-ce que tu dirais si un de tes étudiants te répondait comme ça, hein ?

NANCY

Pour avoir ce genre de réponse, il faut se comporter comme toi.

ANTONIO

Rappelle-toi que c'est parce que tu m'as écouté que tu es restée propre. Tu devrais me remercier à genoux.

ANTONIO ET NANCY

En même temps.

Tu vas pouvoir te présenter devant ton mari la tête haute.

NANCY

Je suis la fille de Rossi Antonio. Vingt-six ans, vierge, pure, immaculée, telle que mon père m'a voulue.

GINO

Intervenant pour désamorcer une situation explosive.

C'est du théâtre qu'on va faire aujourd'hui. Les gens vont rire, il vont s'amuser. Nancy, on ne la verra même pas. Tu vas voir, c'est quelque chose pour la majorité, *ta* majorité.

ANNA

Les femmes vont partir juste avant les combats de lutte.

NANCY

Renchérissant.

Juste avant que la vulgarité mâle baignant dans l'eau bénite fasse son apparition.

ANTONIO
Les femmes de Chiuso aiment les processions. Elles étaient toutes là, ce matin.

ANNA
Moi, je n'y étais pas.

ANTONIO
Toi, depuis que tes pieds enflent, tu n'es même plus capable de marcher jusqu'à l'arrêt d'autobus !

ANNA
Il y a de plus en plus de femmes qui ont les pieds enflés, Anto'.

ANTONIO
C'est parce que vous ne buvez pas assez de vin; c'est le meilleur remède pour les varices, c'est moi qui te le dis !

ANNA
Dimanche passé, au colloque...

ANTONIO
Parce que t'es allée, toi aussi ?

ANNA
Oui, j'y suis allée avec les femmes de l'usine. Elles aussi, leurs pieds enflent de plus en plus. La semaine dernière, on est toutes allées s'asseoir sur le beau tapis dans le bureau du Juif pour avoir une augmentation de salaire. On n'est pas sorties de là, tant que les pieds ne nous ont pas désenflés. Elles vont toutes être là, cet après-midi Anto', comme dimanche passé.

ANTONIO
Désignant Gino et Nancy.
C'est pas d'eux autres qu'on a besoin. Qu'est-ce qu'ils peuvent faire pour nous ? On a besoin de gens

qui ont de l'influence, qui sont capables de se faire respecter, et nous autres avec! J'ai pas besoin de vos grands discours pour comprendre que mon boss fait une maudite belle vie, comparée à la mienne! On a besoin de gens capables de défendre la maison et d'assurer le respect, le respect de l'autorité.

GINO

Montrant l'affiche.

Comme lui, par exemple?

Il sourit.

ANTONIO

Justement, c'est un homme influent, lui. Il est riche, il a un journal, il a tout ce qu'il faut pour nous défendre.

GINO

C'est justement en vous défendant qu'il s'est enrichi!

ANTONIO

S'il a été assez intelligent pour s'enrichir, il sera assez intelligent pour nous défendre. C'est grâce à lui et aux curés que les enfants d'immigrants peuvent encore aller à l'école anglaise.

NANCY

C'est ce qu'il a raconté dans son journal, bien entendu. Ton candidat et tes curés n'ont rien fait d'autre que donner l'occasion à ceux qui sont au pouvoir de justifier le projet machiavélique qu'ils couvaient depuis longtemps. Le projet de nous exclure, de nous marginaliser pour qu'on reste du *cheap labour* plus longtemps...

ANTONIO

Hors de lui.

Je suis un ouvrier, moi! Parle pour que je te comprenne.

NANCY

Les vrais Anglais envoient leurs enfants à l'école française pour rester boss. Les faux Anglais comme toi qui ne comprennent pas un mot d'anglais envoient leurs enfants à l'école anglaise. Les immigrants comme toi défendent des causes que les Anglais n'osent même plus défendre. Ton candidat, un hypocrite défenseur de l'école anglaise, a marié une Québécoise francophone. Penses-tu que la Québécoise va laisser ses enfants aller à l'école anglaise ?

GINO

Même les curés enverraient leurs enfants à l'école française s'ils en avaient !

ANTONIO

L'Amérique, c'est anglais.

NANCY

Est-ce qu'à Collina on envoie les enfants à l'école allemande parce qu'en Europe il y a aussi l'Allemagne ?

ANTONIO

On sait pas. Si jamais il n'y a plus de travail ici et qu'il faut émigrer en Ontario...

ANNA

On a cinquante ans, Anto'.

ANTONIO

C'est pas pour nous. C'est pour elle, c'est pour Mario.

ANNA

Nous, on n'a pas eu le choix. C'est pour ça qu'on est partis.

ANTONIO

Eux non plus, ils n'auront plus le choix. Qu'est-ce qu'il m'a dit Laplante quand il est venu payer le loyer le premier mai ?

À Anna.

Dis-leur donc à ces deux rêveurs. Tu étais là. Dis-leur donc !

ANNA
Il a dit ça pour rire, Laplante.

ANTONIO
Pour rire ? Toi, on te connaît. Tu prends toujours la défense des autres. Après toutes les bouteilles de vin que je lui ai données, après toutes les tomates...

Il lève la tête vers le deuxième étage et hurle :

Ribusciato, morto di fame.

Puis reprenant un ton normal :

Il a osé me dire « Señor Rossi », même si je lui ai dit des centaines de fois qu'en italien on dit Signor et pas Señor comme en espagnol. Il m'a dit : « Señor Rossi, après le référendum, c'est moi qui descends au premier étage, c'est moi qui serai le propriétaire. »

Anna, Gino et Nancy s'esclaffent.

Mais oui ! Riez ! Riez !

En direction du public, il continue :

Vous êtes tous pareils. Vous êtes tous comme Laplante. C'est ça que vous voulez faire ? Un pays de bons à rien, un pays de locataires ? La séparation ne se fera pas, aussi longtemps que les ouvriers comme moi sont sûrs que c'est pas pour eux qu'on la fait. Il a même essayé de me faire peur en me disant qu'il allait à la parade des communistes en bas de la ville, Laplante. Communiste...? Il était pas encore né, Maurice Laplante, que j'étais déjà communiste, moi. Mais il n'a pas compris, par exemple, que le communisme c'est rien que bon pour les pauvres. Ici, on a besoin seulement de gens forts pour défendre ce qu'on a et pour assurer le respect de l'autorité.

On entend le vrombissement d'une voiture sport et on fait l'obscurité.

HUITIÈME TABLEAU

Un faible éclairage sur scène, sauf pour Zio.

ZIO
Des ballons ! Des ballons !
Il rit.
Oui, oui, je connais ça le respect de l'autorité. Vingt ans que ça a duré. Et après, on nous a chassés comme des moutons dans un champ de blé. À Collina, on était près de deux mille personnes au début des années cinquante. Quand ma vieille et moi on est partis, il y a quinze ans, l'institutrice de la première élémentaire s'est retrouvée devant un seul écolier. On voyait les enfants assis comme des vieillards paralysés par la solitude et l'ennui. L'émigration avait emporté leurs amis vers les pays du chocolat et de l'avenir. À la fête du saint patron, on ne réussissait jamais à trouver quatre hommes de même taille pour le transporter pendant la procession. Comme l'église, il penchait toujours vers la droite. Il y avait autant de maisons vides qu'après les évacuations de la dernière guerre. Non. Ce n'est pas la misère qui nous a chassés de chez nous, mais les riches, dès qu'on est devenus trop dangereux pour eux. On nous a jetés en pâture aux quatre coins du monde, affaiblis par l'ignorance et l'isolement. On m'a arraché de chez moi pour la deuxième fois à soixante ans. On nous a fait venir, ma

vieille et moi, pour garder nos petits-enfants. Le ménage, la cuisine et les enfants l'ont tuée. Depuis, je fais un tour chez mes quatre enfants, un mois à chaque endroit. Je suis devenu un quêteux, moi qui, à mon âge, serais le roi de ma colline.

Il est de plus en plus ému.

Je veux ma vieille et mon village. Il faut que les jeunes brisent le mur de silence qui nous entoure. Il faut qu'ils racontent nos humiliations et nos échecs. Il faut qu'ils nous rendent nos collines pour qu'on puisse voir loin, très loin. Je veux ma vieille et mon village.

NEUVIÈME TABLEAU

Pour ce tableau, l'éclairage doit suggérer le rêve. Mario porte un t-shirt sur lequel on lit : Kiss me, I'm Italian. *Le même comédien joue les rôles de Gino et de Ricky.*

MARIO
Mon meilleur ami s'appelait Jean-Pierre Tremblay. Il parlait seulement français. Quand je jouais au hockey dans la rue, je ne jouais jamais dans l'équipe de Jean-Pierre. C'était les spaghetti contre les pissous. Après, quand je suis devenu ami avec Jean-Pierre, et que j'ai commencé à jouer dans la même équipe que lui, on pouvait plus s'appeler les spaghetti et les pissous parce qu'on était mélangés. Mais mon ancienne équipe m'appelait le vendu. Mais moi je riais et j'étais content parce que je jouais avec mon meilleur ami. C'est avec lui que j'ai appris à parler français. Plus on me traitait de vendu, plus je comptais de buts. Après, on a choisi les équipes au hasard, puis on s'amusait beaucoup plus.

NANCY

Excitée de revivre cette époque.

Moi, j'étais derrière la fenêtre et je le regardais jouer. Chaque fois qu'il comptait un but, j'étais tellement excitée que je criais comme une folle.

MARIO

Je voulais tellement aller à l'école avec Jean-Pierre ! Mais mes parents ont jamais voulu. Ils me disaient que j'étais trop jeune pour comprendre. *Christ !* qu'on a été jeunes longtemps !

MARIO, GINO ET NANCY

Mes parents travaillaient avec les parents de Jean-Pierre. C'est comme ça qu'ils ont fini par apprendre à parler comme eux.

GINO ET MARIO

Mais moi, on m'a envoyé à l'école avec Bobby, Jimmy, Ricky, Candy. Tous des Italiens d'ici. Quand je devais faire mes devoirs, mes parents ne pouvaient jamais m'aider.

MARIO

Christ ! Ils ne comprenaient jamais rien ! Alors mon père m'a acheté l'*Encyclopedia Britannica* en quarante volumes pour m'aider à faire mes devoirs. J'avais sept ans. Même Nancy ne l'a jamais ouverte. « L'école anglaise, c'est pour ton avenir, Mario », qu'il me disait mon père. *Fuck the future, man ! I wanna live now. NOW, okay ?*

NANCY

« L'avenir, c'est pas important pour les femmes. T'iras à l'école française », disait mon père. C'était aussi l'école la plus proche.

GINO ET MARIO
Je parle le calabrais avec mes parents, le français avec ma soeur et ma blonde, l'anglais avec mes chums.

MARIO
À l'école, ça allait mal. *Christ !* La maîtresse voulait parler avec mes parents, mais ils n'avaient jamais le temps. Ils travaillaient tout le temps. Pour la maudite maison et pour notre avenir. Plus les maisons sont rapprochées de l'église, plus elles coûtent cher, *Christ*.

— Intéressante —

MARIO, GINO ET NANCY
Est-ce que l'avenir c'est quand on est trop vieux tout de suite après avoir été trop jeunes ?

MARIO ET GINO
C'est pour ça que ma mère rentrait toujours très tard et si fatiguée. En plus, quand on était tout petits, elle nous emmenait tous les matins chez les religieuses.

NANCY
J'en voulais pas, moi, de la robe avec crinoline importée d'Italie pour ma première communion.

MARIO
Et moi, de mon habit blanc fait sur mesure. Il a coûté tellement cher, qu'à chaque tache que je faisais, ma mère me flanquait une de ces taloches ! Pour me rappeler que ça lui avait pris deux semaines de salaire pour le payer.

MARIO, GINO ET NANCY
Pour le premier étage, c'était la même chose. Il fallait pas le salir. On vit encore dans le sous-sol.

MARIO
Jean-Pierre comprenait pas pourquoi je le faisais toujours entrer par la porte du garage. *Christ! We*

couldn't move in the fucking house! All we ever did in there was eat, eat, eat!

MARIO, GINO ET NANCY

Mes parents n'arrêtaient pas de se chicaner à cause de leurs problèmes d'argent.

MARIO

Christ! Je voulais tellement pas avoir les mêmes problèmes qu'eux que j'ai commencé à travailler les fins de semaine. Après quelque temps, j'ai lâché l'école. Je gagne déjà plus que mon père. *The old man, Christ, still works for nothing.*

Il pivote sur lui-même, excédé.

Hey! Ricky, Jimmy, Johnny! Did you see the beauty?

Plus calme.

She's so fucking nice! She's gorgeous! Elle est vraiment belle ! Pour que le vieux la trouve de son goût, il faut vraiment qu'elle soit spéciale. Je sais qu'il aurait préféré une Italienne, mais quand il l'a vue, il n'a pas été capable de résister. Ma mère aussi était contente. Je lui ai promis qu'on sortirait souvent ensemble. C'est pas croyable. C'est la première fois que je me sens comme ça. C'est comme si j'avais plus besoin de personne. Avant de l'avoir, je m'ennuyais beaucoup avec mes chums... Toujours dans la salle de pool !... Mais là... Mais là, je trouve toujours des choses à faire. Hier matin, devant l'église, tout le monde la regardait. Ils la trouvaient tellement belle ! Ça se voyait dans leurs yeux. J'ai jamais rien gardé pendant longtemps. Mais elle ! elle, personne va me l'enlever. Personne. *I can't live without her no more.*

Un temps.

Si jamais quelque chose arrivait à ma Trans Am... *Fuck! I think I have the most beautiful car on the fucking market!*

À son ami.

Hey! Ricky! You wanna ride?

> *On fait l'obscurité. Aussitôt, on entend le vrombissement de la voiture. Puis Mario apparaît seul. Seuls les phares de la voiture éclairent la scène.*

MARIO
Get on! Get on! Ôte-toi de là, Nancy. *You too, Gino. Let's go!*

> *Gino joue Ricky.*

RICKY
Fuck! What a beauty! Where're we going, Mario?

MARIO
Anywhere, Christ! As long as we get out of here.

> *Il imite le son d'une accélération.*

RICKY
Straight ahead! There's a fucking broad on the corner.

MARIO
Oh Christ! She's such an ape!

> *Accélération.*

RICKY
Hey man! We passed the church!

MARIO
Look behind us. Are people looking at the car?

RICKY
There's nobody.

MARIO
What? I'm gonna turn here.

> *Accélération.*

RICKY
Turn on the radio.

> *La musique est assourdissante.*

MARIO
Let's shut the radio. I wanna hear the engine.

RICKY
Faster! Faster! Hey! You forgot your lights, you cocksucker!

> *Les phares s'allument en même temps qu'il dit :*

Christ!

RICKY
Faster! Faster! Somebody is trying to pass us. Cut him, Mario. Cut him!

> *Le devant de la voiture est rapidement tourné vers un des côtés de la scène.*

Beautiful! They're in the bushes.

> *Un temps.*

On retournera jamais à Chiuso, hein Mario ? Jamais plus, hein ?

DIXIÈME TABLEAU

Antonio trône devant chez lui, le persil dans la bouche. La photo du candidat est toujours là. Au loin, on entend la fanfare et, quelques instants plus tard, Zio qui crie : « Des rouges, des verts, des blancs, pour les petits et les grands. »

ANTONIO

Je vais y aller dans quelques minutes, Anna.

Avec ironie.

Dis à Gino que le deuxième spectateur va être en retard.

Il rit.

Et que je ne vois pas Nancy mêlée à ça !

ZIO

Il est loin d'Antonio.

Des ballons ! Des ballons !

Il a un nombre considérable de ballons, mais il continue d'en souffler d'autres quand même.

ANTONIO

C'est gênant. C'est déshonorant pour tous les Italiens.

À Zio, sortant un billet de banque.

Combien tu veux pour tes ballons ?

Il fait un pas en direction de Zio. Au même moment, un ballon éclate.

Combien tu veux, Zio ?

Il fait un autre pas, un autre ballon éclate. Zio ramasse les éclats de ballons et les montre à Antonio.

ZIO

Tu vois. Tu fais éclater mes ballons.

Antonio amorce un autre pas. Zio le fige avec un cri.

Non ! Bouge pas !

ANTONIO

Tu nous fais honte avec ta bicyclette, ta meule à aiguiser pendant la semaine et tes ballons les jours de fête. C'est des gens comme toi qui font rire de nous.

Plusieurs ballons éclatent en même temps.

Pourquoi est-ce qu'ils éclatent tes ballons, si j'ai pas bougé ?

ZIO

C'est leur façon de rire.

ANTONIO

Il sort en lui tournant le dos.

C'est une honte ! C'est une honte ! Même à la Saint-Antoine !

ZIO

Des ballons ! Des ballons ! La Saint-Antoine, c'est la plus grande fête de Chiuso. Il faut pas le confondre avec n'importe qui, ce Saint-Antoine. Après Jean XXIII, c'est lui qui a fait le plus grand nombre de miracles. Et pour les affaires, il n'y a pas plus compétent que lui. Sa spécialité, c'est l'immeuble. L'année dernière, le jour de sa fête, on l'a transporté sur les terres du candidat près de l'étang qu'il venait tout juste de creuser. Il y avait Monseigneur et tous les curés. Il s'est vendu deux cents lots dans un seul après-midi. Jean XXIII n'aurait pas fait mieux.

Il joint ses mains et lève les yeux au ciel.

Saint-Antoine, agent d'immeubles, priez pour nous.

Un temps.

Des ballons ! Des beaux ballons !

ONZIÈME TABLEAU

Trois seaux, chacun contenant un torchon (qui peut être un petit drapeau) et un peu d'eau. Devant les seaux, trois personnes tendent leurs bras en direction des seaux et face au public. À quelques pas, un animateur tient un micro. Bien en évidence, on voit une boîte assez grande dont les côtés reproduisent le drapeau québécois. On entend les huées de la foule qui crie : « On veux la lutte ! On veux la lutte ! »

L'ANIMATEUR
Un peu de silence, s'il vous plaît. Oui, oui, vous l'aurez la lutte. Tout de suite après que le curé aura béni les lutteurs. Mais auparavant, nous allons vous présenter un court spectacle théâtral.

La salle manifeste son mécontentement.

Un peu de silence, s'il vous plaît. *Carissimi amici*, nous voilà donc à la trentième édition de notre compétition multiculturelle qui, cette année, exigera de chacun des concurrents dextérité, célérité, agilité, ténacité et un sens peu commun de la propreté.

Il montre la boîte.

Ce prix surprise sera décerné à celui qui, le premier, finira de laver ses trois mètres carrés de plancher. Et nous voici déjà aux questions. La première que je vous propose, est la suivante : le champion réussira-t-il à conserver son titre ? La compétition devrait commencer bientôt. Les trois seaux sont en place. Et nous voyons déjà les trois mains des communautés culturelles avancer...

Les mains avancent.

... selon un rythme et une imperceptible mais combien complexe gestuelle propre à leurs cultures si distinctes, et converger, bien que parallèlement, vers la plus pure eau québécoise de vieille source pour y récupérer les torchons confectionnés dans une P.M.E. de chez nous, avec du pur fil de coton de chez nous, par des travailleuses grecques, portugaises et italiennes de chez nous. Et voilà déjà que la main portugaise brandit fièrement son torchon, suivie immédiatement de la main hellénique. Remarquez aussi combien le fado et le sirtaki ont déterminé la sinuosité spécifique de chacune de ces mains. La fado et le sirtaki constituent-ils de meilleures méthodes de préparation pour cette compétition que la tarantelle ? C'est la deuxième question que je vous propose. Je constate cependant que la main italienne semble s'être raidie et endurcie par un long séjour dans le secteur mou. Pour le moment, les brochetteries et les poissonneries s'avèrent un facteur certain d'assouplissement et de renforcement des muscles utilisés aujourd'hui.

Miracolo ! Le troisième torchon sort du seau ! Finalement, les trois sont en piste. Je m'aperçois que le torchon brûle déjà entre les trois concurrents. Le Portugal est toujours en première position. Champion depuis dix ans, il a entre autres prix remporté celui du travail au noir et du salaire le plus bas — deux des prix les plus convoités par les communautés culturelles participantes. Le Portugal va-t-il ajouter un autre fleuron à sa couronne ? Question qui s'impose.

Les concurrents continuent d'avancer. Le rythme de frottement est vertigineux. À ce rythme-là, il faudrait moins d'une heure pour nettoyer toute une station de métro. Chacun y va de sa passion et de son style propres et imprime sur son espace une propreté à l'image de sa personnalité. Cet espace, mesdames et messieurs, portera désormais le nom de carrefour des cultures. Vous êtes sceptiques ? Voyez combien le concurrent italien, à quatre pattes, avec son visage tourné vers la gauche, nous rappelle la Louve de Rome allaitant Romulus et Rémus ! Assistons-nous à la naissance d'une nouvelle culture, ici, sur le plancher ? Une culture plus terre à terre ? Le Portugal paraît en difficulté. Le champion sortant n'avance plus. Il est doublé par la Grèce et rejoint par l'Italie. Celle-ci accélère, gagne du terrain, file à toute allure. Elle a déjà un torchon d'avance sur la Grèce qui, comme d'habitude, fait de son mieux. Après avoir remporté, il y a quelques années, le prix des prix — celui du chômage le plus élevé — elle n'a plus jamais retrouvé sa forme. Le Portugal abandonne. Son porte-couleurs nous montre la cause de son échec. Il fallait s'y attendre. Comme toujours, une de nos communautés culturelles doit son échec à nulle autre qu'une multinationale américaine et anglophone. Après avoir frotté avec la dernière énergie, le Portugal a dû abandonner la compétition à cause de la présence de cette multinationale qui s'est incrustée à jamais sur le plancher comme seule Chicklet peut le faire !

La compétition se poursuit entre l'Italie et la Grèce, qui paraît essoufflée, tandis que l'Italie n'est qu'à un torchon de la victoire. Cette grande civilisation qui a donné au monde entier ce que nul autre pays n'a jamais donné et ne donnera jamais, c'est-à-dire vingt-cinq millions d'immigrants, franchit à l'instant la ligne d'arrivée. *Italia, numero uno. Italia, numero uno.*

> *La foule répète avec lui.*

Italia, numero uno.

> *L'animateur va chercher le prix — une boîte. Le gagnant l'ouvre et l'animateur dit :*

Elle est vide.

> LE GAGNANT

Elle est vide.

DOUZIÈME TABLEAU

> *Dans un parc près de l'église, Nancy est assise sur un banc.*

NANCY
J'en ai assez d'être chahutée, de me retrouver devant des salles vides ou devant une foule venue voir un match de lutte. Je lâche tout !

GINO
Ta famille ?

NANCY
Mes parents, mais surtout Chiuso.

GINO
Tu ne peux pas. Après tout le travail que nous avons fait, c'est ridicule. Des jeunes comptent sur nous, des femmes comptent sur toi pour parler en leur nom.

NANCY
Je te dis que j'en ai assez.

GINO
C'est ça ! Va faire des noeuds, toi aussi !

NANCY
Des noeuds ?

GINO
Oui. Du macramé.

NANCY
J'enseigne, moi, Gino, à des adolescents qui portent tous un nom italien et dont la seule culture est celle du silence. Silence sur les origines paysannes de leurs parents. Silence sur les causes de leur émigration. Silence sur la manipulation dont ils sont les victimes. Silence sur le pays dans lequel ils vivent. Silence sur les raisons de ce silence. Les deux tiers d'entre eux terminent à peine leur secondaire pour rejoindre leurs parents dans les usines. Ces jeunes-là, Gino, ne viennent jamais à nos colloques et ne participent jamais à nos activités.

GINO
Il suffit d'en avoir quelques-uns et de les pousser à faire ce que nous faisons pour les parents.

NANCY
On ne peut plus rien pour les parents. Il faut s'occuper des jeunes. Il faut prendre des moyens que les gardiens du ghetto n'ont pas encore pris. Il faut remplacer la culture du silence par la culture immigrée pour que le paysan en nous se redresse, pour que l'immigrant en nous se souvienne, et pour que le Québécois en nous commence à vivre. Écris, mais pour que tout le monde te comprenne. Il faut que les jeunes puissent se reconnaître dans les textes écrits par quelqu'un qui a vécu comme eux, qui les comprend et qui veut les aider. C'est seulement si tu écris

en français que nous aurons une chance d'être compris et respectés pour ce que nous sommes. C'est le temps ou jamais.

GINO

Sarcastique.

Oui, oui, c'est ça! Dépêchons-nous. On n'a jamais autant parlé d'immigration. Après avoir été les voleurs de jobs, les étrangers, les wops, les mafiosi, les spaghetti, les autres, les ethniques et les allophones, nous sommes devenus les communautés culturelles. Penses-tu que ça change quelque chose... Sors de Chiuso, Nancy. Cherche-toi un Québécois pure laine comme mari.

NANCY

Ça, c'est ton privilège, et tu le sais bien. Tous tes amis ont épousé des Québécoises, et toi, tu vas probablement faire la même chose. Les filles comme moi, si on reste à Chiuso, on est condamnées à épouser un membre de l'Ordre des fils d'Italie, militant libéral et de langue anglaise. Pour toi et tes amis, les filles comme moi n'ont pas l'intégration dans le trousseau, nous les vierges scolarisées de Chiuso! Et tu veux que je reste ici? Moi, Gino, contrairement à toi, je suis deux fois immigrée : comme Italienne au Québec et comme femme à Chiuso. Reste, Gino, tu es un homme, toi.

Soudain, on entend :

ZIO

Ballons! Des ballons! Des ballons! Envolez-vous avec des rouges, des verts, des blancs!

Il apparaît. L'éclairage se modifie.
Il s'adresse à Nancy.

Viens ! Viens ! Envole-toi avec moi ! Loin des gens du silence. Nous franchirons les murs de Chiuso pour nous unir aux gens d'ici qui nous ressemblent. Envole-toi avec moi, Annunziata. Annunziata.

TREIZIÈME TABLEAU

Dans la grande pièce du sous-sol, Antonio est près du foyer qui ressemble à un autel de marbre. Anna est assise près de Nancy. La tension est évidente. On entend tout à coup le vrombissement de l'auto de Mario, pendant quelques secondes. Avant même d'entrer, il crie : « Qu'est-ce qu'il y a à manger ? » On le voit apparaître portant toujours le t-shirt sur lequel est écrit Kiss me, I'm Italian.

MARIO

Qu'est-ce qu'il y a à manger ?

ANTONIO

Il se tourne brusquement.

C'est pas un restaurant ici.

MARIO

Je sais bien que ce n'est pas un restaurant ! On mange toujours la même chose !

ANTONIO

Je veux les clés.

MARIO

Quelles clés ? *Fuck! I'm gonna move out of here! I don't need your fucking car. I don't need your fucking garage, man. Go and live in there, it's the only place where peasants feel at ease.*

> *Il sort. Anna fait quelques pas dans sa direction, mais Antonio l'arrête par un tonitruant :*

ANTONIO
Reste ici, toi !

> *Anna se rassoit en pleurant. Antonio s'approche de Nancy.*

ANTONIO
C'est pour ça qu'on t'a envoyée seize ans à l'école ? Pour que tu te moques de nous en public ? C'est ça que t'enseignes à tes étudiants... à ridiculiser leurs parents ? Cherche-toi donc un mari au lieu de perdre ton temps à faire du théâtre !

NANCY
Je ne vais sûrement pas refaire l'erreur de ma mère !

ANNA
Nancy !

ANTONIO
À Nancy.
Tu considères que ta mère a fait une erreur ?

ANNA
L'erreur a commencé deux ans après notre mariage, quand tu es parti pour venir ici, Anto'.

Un temps.

J'étais jeune, moi aussi. Tu m'as laissée quatre ans toute seule à mordre l'oreiller. La rage, Anto', s'est changée petit à petit en indifférence. Tu m'as laissée tout ce temps sous la surveillance de ton père et de Collina. Des mois et des mois à essayer d'éteindre le feu que j'avais en moi, à coup de messes, de chapelets et de robes noires. Ça a été long quatre ans. Bien trop long pour moi et Annunziata. Tu étais devenu un étranger et tu l'es resté.

ANTONIO
Alors pourquoi tu es venue me rejoindre ?

ANNA
Parce qu'il n'y a qu'une chose qui soit pire qu'être femme à Chiuso : c'est d'être une veuve blanche à Collina. Quatre ans, Anto', c'est très long !

ANTONIO
Je ne pouvais pas vous faire venir avant.

ANNA
Tu t'es vite habitué au parfum des femmes de la ville. Moi, je sentais la sueur et la terre de Collina. Je pouvais attendre, moi. Je te dégoûtais.

ANTONIO
Mario, on l'a eu ici. C'est pas le Saint-Esprit qui l'a fait.

ANNA
On l'a fait comme tout le reste, sans se regarder et dans les guenilles, à part de ça. Rappelle-toi. Tu as appelé le Juif deux semaines seulement après mon arrivée. Il n'a pas perdu de temps ! Il a vite rappliqué avec sa machine à coudre, ses guenilles et son aumône.

ANTONIO
C'est pas chez nous ici. Au début, c'est toujours dur ; et pour tout le monde !

ANNA
C'est un début qui traîne depuis vingt ans.

ANTONIO
Retourne donc à Collina, d'abord! Maintenant que mes parents sont morts, il n'y a plus personne qui va te surveiller. Tu ne seras même plus une veuve blanche, c'est moi qui serai le veuf blanc de Chiuso.

ANNA
On n'émigre pas deux fois. Collina a changé. Nous, on est restés comme il y a vingt ans. Mais si on était restés au village, on aurait changé comme tout le monde, on serait comme tout le monde. Ici, on est différents, même des gens qui habitent au-dessus de chez nous.

ANTONIO
Surtout d'eux autres! Je ne veux pas avoir affaire avec des bons à rien.

NANCY
Même avec Jean-Claude qui vient te chercher tous les matins en auto pour aller à l'usine?

ANTONIO
Lui, c'est pas un Québécois comme les autres.

NANCY
Avec ta belle-soeur Jeannette, aussi?

ANTONIO
Elle, c'est pas une Québécoise comme les autres, non plus.

NANCY
Et Paul Tremblay avec qui tu vas à la chasse chaque automne, non plus?

ANTONIO
Mais lui, c'est pas pareil. C'est un ami. C'est pas un Québécois comme les autres.

NANCY
Avec Pierre, Jacques, René, tes compagnons de travail?

ANTONIO
Jacques et René, c'est pas des Québécois. Ils viennent de la Gaspésie.

NANCY
Elle prend un journal italien d'ici.
Continue à lire ton journal italien et à écouter ton programme de télévision italien. Ça fait toute une génération qu'ils racontent des bêtises et renforcent tes préjugés.

ANTONIO
Il y a des choses...

NANCY
... Que je ne peux pas comprendre parce que je suis trop jeune.

ANNA
... Et d'autres que je ne peux pas comprendre parce que je suis une femme.

NANCY
Tu es le seul à pouvoir tout comprendre parce que toi, tu n'es ni jeune ni femme.

ANTONIO
Moi, je sais ce que j'ai souffert quand je suis arrivé ici. J'ai pas trouvé comme vous autres un appartement avec tout dedans. Moi, j'ai trouvé personne ici, sauf des boss qui me disaient toujours d'en faire plus et des *Francesi* qui me méprisaient.

À Nancy.

Toi, qui t'intéresses aux nègres, n'oublie pas que les Haïtiens des années cinquante c'était nous, les Italiens. Mais toi, tu n'es pas une vraie immigrante, tu ne peux pas comprendre ça.

NANCY
Je suis la fille de vrais immigrants et ça me suffit amplement. Ma vie n'a pas été tellement meilleure que la vôtre, et celle de Mario sera dix fois pire.

ANTONIO
Mario est jeune. Il a toute la vie devant lui. C'est pas la fin du monde s'il travaille dans une usine. Ça lui donne la chance de voir comment j'ai travaillé dur.

ANNA *[Bonne point!!]*
C'est ça ! C'est ça l'Amérique ! Une grande usine où chaque ouvrier a amené son fils, comme toi, pour lui faire voir les sacrifices qu'il a faits. *Vergine Santa !* Quand est-ce qu'on va briser la maudite chaîne ? Pourquoi est-ce qu'il faut toujours que ce soit les mêmes qui travaillent dans les usines ? On a fait des choses de pas correct, Anto'. On a gaspillé notre vie à payer une maison trop grande et trop chère pour nos moyens.

ANTONIO
On a une grande maison à nous, presque payée, dans le plus beau quartier de la ville.

Nancy s'esclaffe.

ANTONIO
C'est neuf et c'est propre.

ANNA
On a travaillé trop fort et inutilement. On aurait pu garder la vieille maison qu'on aurait fini de payer

depuis longtemps. On aurait peut-être pu prendre des vacances avec les enfants, s'occuper d'eux plus souvent...

ANTONIO
On a fait ce qu'on a pu. On a fait comme tout le monde.

ANNA
Comme tout le monde... Ce qui m'intéresse, moi, c'est ce que moi j'ai fait. De toute ma vie, Anto', j'aurai jamais eu le bonheur d'accueillir mes enfants après l'école avec une collation. J'étais prisonnière à l'usine avec quarante mères comme moi. À midi, on se disputait le téléphone pour dire quoi manger à nos enfants qui rentraient de l'école et pour leur rappeler surtout qu'on était en train de préparer leur avenir sur des machines à coudre. L'avenir de Mario, l'avenir des ratés.

ANTONIO
Mario n'est pas un raté.

NANCY
Il n'a même pas fini sa dixième année !

ANTONIO
Ça ne veut rien dire.

ANNA
Regarde-moi, Anto'. Quand je ne travaille pas pour la payer, cette maison, je travaille à la nettoyer. Et on s'empêche même d'y vivre. On s'est terrés dans le sous-sol comme des taupes parce qu'on a fait un musée du premier étage.

ANTONIO
C'est toi qui as voulu du *French Provincial*, le velours et les fixtures jusqu'au plancher.

ANNA

Parce qu'à Chiuso, on ne peut pas vivre autrement sans passer pour la dernière des dernières. Mais je n'en veux plus, ni du velours, ni du salon chic, ni du cristal.

> *D'un geste brusque, elle fait tomber un bibelot qui était au centre de la table. Elle fond ensuite en larmes.*

J'ai peur, Anto'. J'ai peur de vivre juste assez longtemps pour finir de payer la maison. Comme Cristina, comme Rosa et comme Antonietta.

ANTONIO

On n'est plus pauvres comme avant.

NANCY

Cesse donc de te croire riche parce que tu as une maison ! Maman n'a fait que gérer la misère pendant presque vingt ans dans cette crypte de briques blanches où les seules fois qu'il y a de la vie, c'est quand on se chicane, et où les seuls exploits, c'est vos sacrifices. Depuis que vous êtes mariés que tu blâmes maman pour le manque d'argent ! Vous avez toujours gagné des salaires de famine.

ANTONIO

C'est pas ce qu'on gagne qui compte, mais ce qu'on épargne. À part de ça, j'ai pas été à l'université comme toi, moi. Je n'ai même pas de métier, moi.

NANCY

Aussi longtemps que tu croiras que c'est à cause de ton manque d'instruction que tu mérites le salaire que tu fais, tu ne trouveras jamais le courage de demander ce qui t'est dû.

ANTONIO

Je trouve que j'ai de la chance de pouvoir travailler par les temps qui courent. Depuis que les séparatistes sont au pouvoir, il n'y a plus de travail. Chaque matin, au moins cinq personnes viennent se chercher du travail à la porte de l'usine. C'est pas le temps de demander une augmentation de salaire. Je me ferais mettre à la porte, ça serait pas long !

ANNA

Tu as toujours eu peur de quelque chose !

ANTONIO

Oui, j'ai eu peur. Peur d'être rapatrié quand je suis arrivé. Peur de perdre ma job et ma maison. J'ai aussi eu peur de vous voir dans la rue.

NANCY

C'est cette peur-là qu'il faut étaler en public pour qu'on s'en débarrasse tous ensemble, pour qu'elle ne nous vainque plus individuellement. C'était ça le but de notre spectacle.

ANTONIO

Il faut commencer par rester unis chez nous si on ne veut plus avoir peur.

NANCY

Et continuer à nous déchirer entre quatre murs, pendant que Mario et moi on ferme les portes et les fenêtres pour que les voisins n'entendent pas. J'étouffe ici. Cette maison est le symbole de votre esclavage et des privations imposées à Mario et à moi. C'est un leurre diabolique qui vous a retenus liés à votre travail pendant vingt ans et qui a fait de vous des ouvriers aussi soumis et aussi dociles que des moutons.

ANTONIO

Des moutons ?

Hors de lui, il s'adresse à Anna.

Tu as entendu ? Des moutons ! Elle m'a traité de mouton !

Puis, à Nancy.

C'est pour toi et pour Mario qu'on a fait tout ça !

NANCY

Pour moi ? Pour Mario ? Il n'en veut même plus de ton auto ! Qu'est-ce que tu veux qu'on fasse, nous, d'une maison bâtie sur l'exploitation de nos parents ? Cette maison est le symbole de toutes les injustices !

ANTONIO

Exploitation ? Injustice ? Vous n'en voulez plus de la maison ? Allez-vous-en ! Moi, j'en ai besoin de cette maison. J'en aurai toujours besoin. Parce que moi, je suis un vrai immigrant et pour les gens comme moi, la maison est plus qu'une maison... beaucoup plus qu'une maison. C'est... c'est...

La lumière isole Antonio et se fait de plus en plus intense, on le dirait transfiguré et comme en transe.

Un ouvrier immigré est moins qu'un ouvrier.
Un père immigré est moins qu'un père.
Un mari immigré est moins qu'un mari.
Ma maison devait être grande pour contenir tous mes rêves.
Elle devait être belle comme Anna le jour de nos noces.
Elle devait être comme Nancy au temps d'Annunziata.
Pour un immigré, une maison est plus qu'une maison.
Ici, je n'ai plus de champ de blé à caresser.
Ici, je n'ai plus mes ancêtres pour me protéger.

Ici, je n'ai plus de collines pour respirer.
Pour un immigré, une maison est plus qu'une maison. Quand tu sens le sol trembler sous tes pieds, quand l'angoisse finit par t'étouffer, quand ton pays et ta famille t'ont abandonné, la maison, alors est beaucoup plus qu'une maison.
La maison, c'est un peu comme un pays.

À la fête, aujourd'hui, avec la fanfare, les chants, les amis du village que je n'avais pas vus depuis des mois, je me suis senti chez moi. Je ne me sentais plus un étranger. C'est comme ça à chaque fois que Chiuso est en fête : quand les cloches de l'église sonnent, j'ouvre les portes et les fenêtres pour laisser entrer la musique, les chants et les amis du village pour boire du vin, et jouer à la *morra*, comme à Collina.
Collina ! Collina ! Collina !

> ZIO
>
> *Il répète une partie du monologue pour évoquer le départ. Sa voix est faible.*

Des ballons... Des ballons...

> *L'éclairage devient vaporeux.*

N'oublie pas d'écrire, Antonio. Envoie des photos, beaucoup de photos. T'en as de la chance, Antonio !

> *Un temps.*

Des ballons... Des ballons...

QUATORZIÈME TABLEAU

Même pièce du sous-sol. On voit une valise près de la porte de sortie. Il y a un long silence avant qu'Antonio ne parle.

ANTONIO

À Nancy.

Qu'est-ce que tu fais encore ici ? Ta valise est prête, qu'est-ce que tu attends pour partir ?

ANNA
C'est toi qui devrais partir, Anto'.

ANTONIO
J'ai toujours été trop bien, moi. J'étais trop bien quand j'étais métayer. J'étais trop bien quand j'étais seul ici. J'étais trop bien quand je transportais trente briques à la fois sur mon épaule, dix heures par jour. Deux heures gratuites pour le boss.

Il montre sa cicatrice.

La vois-tu ma cicatrice ? C'est ça la preuve que j'étais trop bien.

ANNA
Moi, j'ai jamais rien fait ! J'ai pas de cicatrice sur mon épaule, moi. La mienne, Anto', elle est dans mon coeur. Je me sens coupable, moi. C'est ça ma cicatrice. Je me sens coupable, parce qu'à Chiuso, les ratés sont les enfants de la mère, pas du père !

ANTONIO
Mario est jeune. Il va changer avec les années. Il parle trois langues, il est en santé, il a une maison...

NANCY
Tout à la mesure de Chiuso ! Tu l'as envoyé à l'école dans la langue de tes patrons croyant qu'il deviendrait comme toi. Mais Mario apprendra vite que la langue ne fait pas le patron.

Moqueuse.

Bien sûr, il lui reste la santé et le « Palazzo Rossi ».

ANTONIO
Et toi ? Par quel miracle as-tu réussi à t'instruire ? Est-ce qu'on est seulement responsables de l'échec de Mario, nous ?

NANCY
Tu n'as jamais voulu que j'étudie, moi. J'ai été comme maman, moi. Une servante pour toi, chaque fois qu'elle n'était pas là. Et si Mario avait été plus vieux, je l'aurais été pour lui aussi, une servante.

Elle sort. Il lui court après et l'arrête brusquement.

ANTONIO
Une servante ? Ta mère est ma femme !

À Anna

Dis-lui que c'est pas vrai, Anna. Dis-lui. Dis-lui. Dis-lui.

Changement d'éclairage. Anna s'approche de Zio, qui lui tend les ballons et lui dit :

ZIO
Pleure pas, Anna. C'est pas en prison qu'il va ton Antonio. C'est en Amérique.

RIDEAU